OPTImal GRILLEN

# AMERICAN SUPERSTARS

*Die besten Football-Rezepte für alle Teams*

**HEEL Verlag GmbH**
Gut Pottscheidt
53639 Königswinter
Tel.: 02223 9230-0
Fax: 02223 9230-13
E-Mail: info@heel-verlag.de
Internet: www.heel-verlag.de


In Zusammenarbeit mit Tefal



Autorin: Antje Watermann
Projektleitung/Lektorat: Ulrike Reihn-Hamburger
Gestaltung: Christine Mertens
Fotos: Jo Kirchherr, Köln, www.jokirchherr.com
Foodstyling: Petra Blank
© Adobe Stock: jaflippo, scoutori, LIORIKI, lantapix, Denys Holovatiuk, photoraidz, paladin1212, peekeedee, christophe BOISSON, peliken, Loveleen, Hurca!, GWC



Klimaneutral und unter Verwendung FSC®-zertifizierten Materials gedruckt

MIX
Papier aus verantwortungsvollen Quellen
FSC® C030157
www.fsc.org

Klimaneutral
Druckprodukt
ClimatePartner.com/10796-2211-1006



Printed in Germany

ISBN: 978-3-96664-686-4

ANTJE WATERMANN

OPTImal GRILLEN

# AMERICAN SUPERSTARS

*Die besten Football-Rezepte für alle Teams*

FÜR ALLE 32 TOUCHDOWN Rezepte OPTIGRILL-MODELLE

Tefal

HEEL

# INHALT

## AFC

### East



### North



### South



### West

# NFC

## East



## South



## North



## West

Tefal
OptiGrill Elite

# VORWORT

Football ist ein Fest für die ganze Familie. Voller Vorfreude fährt man gemeinsam ins Stadion oder versammelt sich vor dem heimischen Fernseher, lädt Freunde ein und fiebert mit seinem Lieblingsteam. Muntere Diskussionen über Spielzüge, Pässe und Strategien werden geführt, man hat zusammen Spaß und selbstverständlich wird gegrillt!

Vor den Stadien packen die Fans schon Stunden vor dem Anpfiff ihre mitgebrachten Leckereien zum gemeinsamen Picknick an den offenen Heckklappen (engl. *tail gate*) ihrer Autos aus und treffen sich zum sogenannten Tailgating.

Ob im Stadion oder zuhause – leckere Kleinigkeiten und Snacks lautet die Devise. Am liebsten auf die Hand, frisch zubereitet direkt vom Grill in einer der kleinen Spielunterbrechungen oder auch in der Halbzeitpause, denn natürlich möchte niemand den nächsten Touchdown verpassen! Und wenn das Lieblingsessen dann auch noch einen Bezug zum Team hat, ist der Football-Nachmittag einfach perfekt!

Burger, Spieße, Chicken Wings oder Süßes – hier zeigt der OptiGrill sein ganzes Potenzial. Schnell und einfach lassen sich die unterschiedlichsten Gerichte zubereiten. Und selbst im spannendsten Spielgeschehen gelingt dank Ton- und Farbsignal das Steak genauso unkompliziert wie die Salmon Fingers oder die Hasselback-Kartoffeln.

*Wir wünschen ein spannendes Match und viel Freude beim Nachgrillen!*

# AFC

## East

1. BUFFALO BILLS
2. MIAMI DOLPHINS
3. NEW ENGLAND PATRIOTS
4. NEW YORK JETS

## North

5. BALTIMORE RAVENS
6. CINCINNATI BENGALS
7. CLEVELAND BROWNS
8. PITTSBURGH STEELERS

## South

9. HOUSTON TEXANS
10. INDIANAPOLIS COLTS
11. JACKSONVILLE JAGUARS
12. TENNESSEE TITANS

## West

13. DENVER BRONCOS
14. KANSAS CITY CHIEFS
15. LAS VEGAS RAIDERS
16. LOS ANGELES CHARGERS

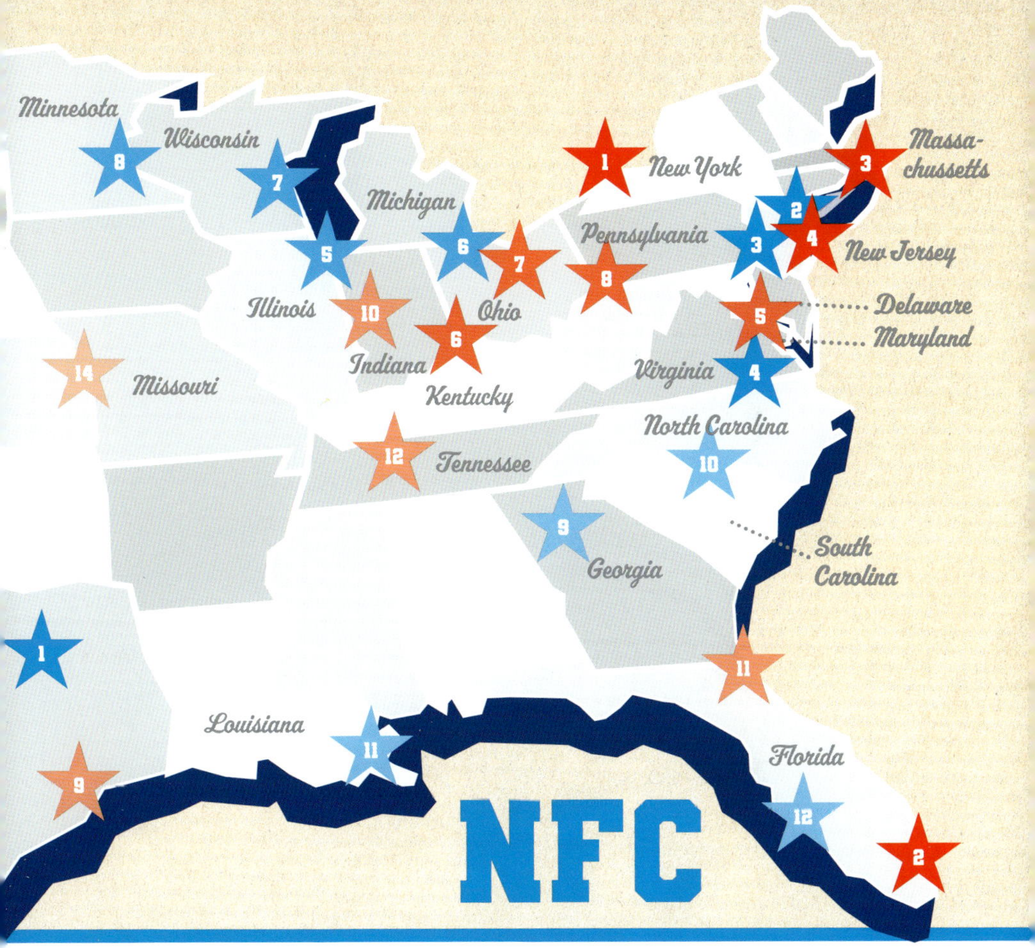


## East

1. DALLAS COWBOYS
2. NEW YORK GIANTS
3. PHILADELPHIA EAGLES
4. WASHINGTON COMMANDERS

## North

5. CHICAGO BEARS
6. DETROIT LIONS
7. GREEN BAY PACKERS
8. MINNESOTA VIKINGS

## South

9. ATLANTA FALCONS
10. CAROLINA PANTHERS
11. NEW ORLEANS SAINTS
12. TAMPA BAY BUCCANEERS

## West

13. ARIZONA CARDINALS
14. LOS ANGELES RAMS
15. SAN FRANCISCO 49ERS
16. SEATTLE SEAHAWKS

# AFC

## East

- BUFFALO BILLS
- MIAMI DOLPHINS
- NEW ENGLAND PATRIOTS
- NEW YORK JETS

## North

- BALTIMORE RAVENS
- CINCINNATI BENGALS
- CLEVELAND BROWNS
- PITTSBURGH STEELERS

## South

- HOUSTON TEXANS
- INDIANAPOLIS COLTS
- JACKSONVILLE JAGUARS
- TENNESSEE TITANS

## West

- DENVER BRONCOS
- KANSAS CITY CHIEFS
- LAS VEGAS RAIDERS
- LOS ANGELES CHARGERS

# KNUSPRIGE BUFFALO CHICKEN WINGS

## mit Blue-Cheese-Dip

AFC East

**2 Portionen**
**10 Min. Vorbereitung**
**+ 20–30 Min. Grillzeit**

**Für die Chicken Wings**

6 Hähnchenflügel

150 ml Franks Red Hot Buffalo Wings Sauce, im Internet erhältlich

3 EL Mehl

3 EL Backpulver

1 TL Paprikapulver

Salz und Pfeffer, nach Belieben

neutrales Öl, zum Einpinseln

**Für den Blue-Cheese-Dip**

100 g Blauschimmelkäse

1 Knoblauchzehe

1 kleine Zwiebel

3 EL Mayonnaise

3 EL Saure Sahne

3 EL Buttermilch

einige Spritzer Worcestershiresauce

2 TL Senf, mittelscharf

Salz und Pfeffer, nach Belieben

**1** Mehl, Backpulver, Paprikapulver, Salz und Pfeffer mischen.

**2** Die Hähnchenflügel im Gelenk durchtrennen. Die Stücke gleichmäßig mit 50 ml der Buffalo Wings Sauce einreiben. Anschließend die Chicken Wings in der Mehlmischung wälzen und gleichmäßig bestäuben.

**3** Die Grillplatten des OptiGrills mit etwas Öl einpinseln. Das **Programm Geflügel** auswählen und die Chicken Wings goldbraun grillen.

**4** Für den Dip währenddessen den Knoblauch pressen und die Zwiebel fein hacken oder beide Zutaten mit einer Küchenmaschine pürieren. Mit der Mayonnaise, der Sauren Sahne, Buttermilch, Worcestershiresauce, Senf, Salz und Pfeffer verrühren.

**5** Den Blauschimmelkäse bei schwacher Hitze in einem Topf schmelzen, dann in den Dip einrühren.

**6** Zuletzt die fertig gegrillten Wings in eine Schüssel geben, die restliche Buffalo Wings Sauce erhitzen und gleichmäßig darüber verteilen. Gut vermengen und mit dem Cheese Dip genießen.

### BUFFALO BILLS

**Team gegründet**
1959

**Home Base**
Orchard Park, New York

**Stadion (71.608 Plätze)**
Highmark Stadium

**Teamfarben**
Royalblau, Rot, Weiß, Marine

**Super Bowl**
0/4 Siege

AFC East

# BACON WRAPPED PLANTAIN

## *Kochbananen mit Speck umwickelt*

**2–3 Portionen**
**10 Min. Vorbereitung**
**+ 10 Min. Grillzeit**

**Zutaten**

2 Kochbananen

6–8 Scheiben Bacon

1 EL Ahornsirup

**außerdem**

Zahnstocher zum Fixieren

**1** Die Bananen schälen und in etwa 3 cm große Stücke schneiden. Die Baconscheiben ebenfalls halbieren.

**2** Die Bananenstücke mit dem Bacon umwickeln und mit Zahnstochern so fixieren, dass sich der OptiGrill zum Grillen schließen lässt.

**3** Anschließend die umwickelten Bananenstücke mit etwas Ahornsirup einpinseln und im **Programm Manuell** (Orange/210 °C) knusprig grillen.

### MIAMI DOLPHINS

**Team gegründet**
1965

**Home Base**
Miami Gardens, Florida

**Stadion (65.326 Plätze)**
Hard Rock Stadium

**Teamfarben**
Aqua, Orange, Weiß

**Super Bowl**
2/5 Siege

## NEW ENGLAND PATRIOTS

**Team gegründet**
1959 (bis 1970 Boston Patriots)

**Home Base**
Foxborough, Massachusetts

**Stadion (65.878 Plätze)**
Gillette Stadium

**Teamfarben**
Marine, Rot, Silber, Weiß

**Super Bowl**
6/11 Siege

# BAKED BEANS

## *mit Grillbrot*

**4 Portionen**
**15 Min. Vorbereitung**
**+ 1 Std. 15 Min. Ruhezeit**
**+ 25 Min. Kochzeit**
**+ 15 Min. Grillzeit**

**Für die Baked Beans**

600 g weiße Bohnen, aus der Dose oder dem Glas

2 cm Ingwer, frisch

1 große Zwiebel

1 EL neutrales Öl

500 ml passierte Tomaten

1 Lorbeerblatt

Salz, Chilipulver und Zucker, nach Belieben

**Für das Brot**

300 g Weizenmehl, Type 550

4 getrocknete Tomatenhälften

75 ml Milch, lauwarm

100 ml Wasser, lauwarm

2 EL Olivenöl

1 Päckchen Trockenhefe

1 Msp. Zucker

½ TL Salz, nach Belieben mehr

**1** Für das Brot zunächst die Milch mit Zucker und Hefe in eine Tasse geben, verrühren und beiseitestellen, bis die Mischung leicht schäumt.

**2** Währenddessen die getrockneten Tomaten kleinschneiden und mit Mehl und Salz mischen. Langsam das Wasser und das Öl hinzugießen und verkneten. Die aufgeschäumte Hefe hinzufügen, mithilfe eines Handrührgeräts einen Teig herstellen und gut durchkneten. Eine zweite Schüssel leicht einfetten, den Teig hineingeben und die Schüssel mit einem feuchten Tuch abdecken. Den Teig ca. 1 Stunde zugedeckt ruhen lassen, bis sich sein Umfang etwa verdoppelt hat.

**3** In der Zwischenzeit die Bohnen gut abtropfen lassen. Den Ingwer reiben und die Zwiebel fein hacken. Ingwer und Zwiebel in einem Topf mit Öl goldbraun anbraten, dann mit den passierten Tomaten ablöschen. Nun die Bohnen und das Lorbeerblatt hinzugeben und mit Salz, Chili und Zucker abschmecken. Die Mischung aufkochen, anschließend 25 Minuten bei mittlerer Stufe köcheln lassen, zwischendurch umrühren.

**4** Nach Ende der Gehzeit den Teig mit den Händen erneut gut durchkneten, aus der Teigmasse 12 flache Brote formen und erneut abgedeckt 15 Minuten gehen lassen.

**5** Das **Programm Sandwich** auswählen und die ersten Brote auf den Grill legen. Solange grillen, bis sie goldbraun und knusprig sind. Den Grillvorgang so oft wiederholen, bis alle Brote gegrillt sind. Diese sofort warm zu den Baked Beans servieren.

# REUBEN
## Grillsandwich

**2 Portionen**
**15 Min. Vorbereitung**
**+ 10 Min. Grillzeit**

**Für das Sandwich**

4 Scheiben Roggenbrot
100 g Pastrami
2 Scheiben Emmentaler
200 g Sauerkraut, aus der Dose
2 Eier, Größe M
2 EL Butter

**Für die Sauce**

1 Schalotte
1 Stange Staudensellerie
3 Gewürzgurken
4 EL Mayonnaise
1 TL Ketchup
1 EL Worcestershiresauce
1 Msp. Cayennepfeffer
Salz, nach Belieben

**1** Für die Sauce die Schalotte, den Staudensellerie und die Gewürzgurken fein hacken und mit Mayonnaise, Ketchup, Worcestershiresauce, Cayennepfeffer und Salz verrühren.

**2** Das Sauerkraut gut abtropfen lassen und die übrige Flüssigkeit ausdrücken.

**3** Die Eier 10 Minuten in einem Topf hart kochen, anschließend abschrecken und in dünne Scheiben schneiden.

**4** Die Pastrami ebenfalls in dünne Scheiben schneiden.

**5** Nun die Brotscheiben jeweils von einer Seite mit der Sauce bestreichen. Zwei bestrichene Scheiben jeweils mit Sauerkraut, Pastrami-, Eier- und Emmentalerscheiben belegen und mit der zweiten Brotscheibe abdecken. Dabei die Seite mit der Sauce nach innen legen. Die Sandwiches außen mit der Butter bestreichen und im **Programm Sandwich** goldbraun grillen.

### NEW YORK JETS

**Team gegründet**
1960 (bis 1962 New York Titans)

**Home Base**
Florham Park, New Jersey

**Stadion (82.500 Plätze)**
MetLife Stadium

**Teamfarben**
Grün, Weiß, Schwarz

**Super Bowl**
1/1 Siege

AFC North

# CRAB CAKES

**2 Portionen**
**10 Min. Vorbereitung**
**+ 8–10 Min. Grillzeit**

**Zutaten**

450 g TK-Garnelen, geschält, aufgetaut, alternativ Krebsfleisch

1 Frühlingszwiebel

1 Handvoll Petersilie

1 Ei

50 g Mayonnaise

1 TL Senf

2 TL Zitronensaft

½ TL Meersalz

¼ TL Pfeffer

½ TL Chiliflocken

60 g Panko, alternativ Paniermehl

1 EL Olivenöl zum Einpinseln

**1** Die Garnelen gut abtropfen lassen.

**2** Die Frühlingszwiebel in feine Ringe schneiden, die Blätter der Petersilie fein hacken.

**3** Das Ei verquirlen und mit Mayonnaise, Senf, Zitronensaft, Salz, Pfeffer und Chiliflocken mischen.

**4** Die Garnelen in kleine Stücke schneiden und gut mit der Eimischung vermengen. Aus der Masse sechs gleichgroße Frikadellen formen und diese vorsichtig in Panko wälzen.

**5** Die Krabbenfrikadellen rundherum mit Olivenöl einpinseln.

**6** Das **Programm Meeresfrüchte** auswählen und die Frikadellen goldbraun grillen.

**TIPP**

*Die Frikadellen mit Remoulade oder Knoblauchmayonnaise servieren.*

## BALTIMORE RAVENS

**Team gegründet**
1996 (1946 als Cleveland Browns)

**Home Base**
Baltimore, Maryland

**Stadion (71.008 Plätze)**
M&T Bank Stadium

**Teamfarben**
Lila, Schwarz, Gold

**Super Bowl**
2/2 Siege

## CINCINNATI BENGALS

**Team gegründet**
1967

**Home Base**
Cincinnati, Ohio

**Stadion (65.515 Plätze)**
Paycor Stadium

**Teamfarben**
Schwarz, Orange, Weiß

**Super Bowl**
0/3 Siege

AFC North

# *Cincinnati* CHILI SPAGHETTI

**4 Portionen**
**10 Min. Vorbereitung**
**+ 20 Min. Kochzeit**
**+ 28 Min. Grillzeit**

**Zutaten**

100 g Spaghetti
4 Brioche Buns
400 g Rinderhackfleisch
100 g Kidney Bohnen
400 g stückige Tomaten
Cheddar, gerieben, nach Belieben
1 Zwiebel
1 Knoblauchzehe
1 Lorbeerblatt
1 TL Kakaopulver
1 TL Worcestershiresauce
1 TL Apfelessig
½ TL Chilipulver
½ TL Zimt
½ TL Piment, gemahlen
1 TL Kreuzkümmel
½ TL Koriandersamen, gemahlen
Salz und Pfeffer, nach Belieben

**außerdem**

Backschale für den OptiGrill

**1** Die Zwiebel und den Knoblauch fein hacken und mit dem Hackfleisch, Chilipulver, Zimt, Piment, Kreuzkümmel, Koriandersamen, Salz und Pfeffer vermengen.

**2** Die Backschale in den OptiGrill einsetzen und darin das Fleisch im **Programm Manuell** (Orange/210 °C) 10 Minuten grillen.

**3** Das Hackfleisch mit einem Kochlöffel krümelig auflockern und die Tomaten, Worcestershiresauce, Lorbeerblatt, Kakaopulver, Essig und Kidney Bohnen hinzugeben und unterrühren. Das Cincinnati Chili nun weitere 10 Minuten im **Programm Manuell** (Orange/210 °C) grillen. Falls keine Backschale vorhanden ist, die Schritte 2 und 3 in einer Pfanne zubereiten.

**4** Währenddessen die Spaghetti in einem Topf mit reichlich Salzwasser nach Packungsanweisung kochen und absieben. Mit 1 EL Butter vermengen.

**5** Die Backschale durch Grillplatten ersetzen, das **Programm Manuell** (Orange/210 °C) auswählen und die Burger Buns goldbraun grillen.

**6** Die Spaghetti mit dem Chili vermengen und damit jeweils die untere Hälfte der Burger belegen. Nach Belieben Cheddar über die Mischung streuen und mit der oberen Hälfte der Burger abdecken.

# Cleveland
# BACON CHEESE POTATO WAFFLES

**4 Portionen**
**10 Min. Vorbereitung**
**+ 5 Min. Grillzeit**

**Für den Garlic Dip**

1–2 Knoblauchzehen
150 g Frischkäse
50 g Saure Sahne
1 EL Milch
1 TL Worcestershiresauce
Salz und Pfeffer, nach Belieben

**Für die Waffeln**

300 g Kartoffeln
1 kleine Zwiebel
3 Eier
125 g Cheddar, gerieben
100 g Speckwürfel
100 g Saure Sahne
75 g Mehl
1 Msp. Muskatnuss
Salz und Pfeffer, nach Belieben
neutrales Öl zum Einpinseln

**außerdem**

Waffelplatten für den OptiGrill

**1** Für den Dip den Knoblauch fein hacken und mit Frischkäse, Saurer Sahne, Milch und Worcestershiresauce mischen. Den Dip nach Geschmack mit Salz und Pfeffer abschmecken und kalt stellen.

**2** Für die Waffeln die Kartoffeln und die Zwiebel fein reiben.

**3** Die Eier verquirlen und mit Salz und Pfeffer würzen.

**4** Die Kartoffel-Zwiebel-Masse mit Käse, Speck, Saurer Sahne, Mehl und den verquirlten Eiern mischen und mit Salz, Pfeffer und Muskatnuss würzen. Falls die Masse zu flüssig ist, etwas zusätzliches Mehl unterrühren.

**5** Die Waffelplatten einsetzen, mit etwas Öl einpinseln und zum Vorheizen das **Programm Manuell** (Orange/210 °C) auswählen. Jeweils 3 Esslöffel Teig im oberen Drittel auf den Grill geben und die Waffeln goldbraun ausbacken. Die gegrillten Waffeln zusammen mit dem Garlic Dip servieren.

## CLEVELAND BROWNS

**Team gegründet**
1946 („Neue" Browns 1999)

**Home Base**
Cleveland, Ohio

**Stadion (67.407 Plätze)**
FirstEnergy Stadium

**Teamfarben**
Braun, Orange, Weiß

**Super Bowl**
–

# Pittsburgh SANDWICH WITH FRENCH FRIES

**2 Portionen**
**10 Min. Vorbereitung**
**+ 15 Min. Grillzeit**

**Für das Sandwich**

200 g TK-Pommes

1 EL neutrales Öl

Salz und Kräuter der Provence, nach Belieben

2 Scheiben Provolone

Thymian, getrocknet, nach Belieben

4 Scheiben Landbrot

2 Scheiben Pastrami

**Für den Salat**

100 g Weißkohl

1 Karotte

1 kleine Zwiebel

80 g Mayonnaise

40 g Sahne

1 TL Weißwein- oder Apfelessig

1 EL Zitronensaft

1 TL Zucker

Salz und Pfeffer, nach Belieben

**außerdem**

grobe Reibe

Backpapier

**1** Für den Salat Kohl, Karotte und Zwiebel reiben. Mayonnaise, Sahne, Essig, Zitronensaft und Zucker mischen. Den Salat unterheben, mit Salz und Pfeffer abschmecken und abgedeckt im Kühlschrak kaltstellen.

**2** Die Pommes nach Packungsanweisung zubereiten und warmhalten.

**3** Die Provolone-Scheiben mit Thymian würzen und im **Programm Manuell** (Orange/210 °C) mit Backpapier abgedeckt grillen.

**4** Anschließend die Brotscheiben im **Programm Manuell** (Orange/210 °C) kurz goldbraun grillen und jeweils zwei Scheiben mit Salat, Pastrami, Provolone und Pommes belegen. Die belegten Scheiben jeweils mit der zweiten Brotscheibe abdecken und sofort warm servieren.

## PITTSBURGH STEELERS

**Team gegründet**
1933 (als Pittsburgh Pirates)

**Home Base**
Pittsburgh, Pennsylvania

**Stadion (68.400 Plätze)**
Acrisure Stadium

**Teamfarben**
Schwarz, Gold

**Super Bowl**
6/2 Siege

AFC South

# PEPPERONI ROLLS

★ ★ ★ ★ ★

**4 Portionen**
**10 Min. Vorbereitung**
**+ 35 Min. Ruhezeit**
**+ 20 Min. Grillzeit**

**Zutaten**

40 kleine Scheiben Peperoni-Salami

10 Mozzarella-Käsestäbchen, alternativ 200 g geriebener Mozzarella

½ TL Paprikapulver, edelsüß

2 EL neutrales Öl

Süßsaure Sauce zum Dippen

**Für den Teig**

350 g Mehl, Type 550, plus etwas Mehl für die Arbeitsfläche

2 TL Trockenhefe

190 ml lauwarmes Wasser

1 Prise Zucker

1 EL Olivenöl

1 Prise Salz

**1** Für den Teig die Trockenhefe mit einer Prise Zucker im Wasser auflösen und 5 Minuten ruhen lassen. Die Mischung mit dem Mehl, dem Olivenöl und Salz mischen und zu einem glatten Teig verkneten. Den Teig zugedeckt an einem warmen Ort 30 Minuten gehen lassen.

**2** Anschließend den Teig auf einer bemehlten Arbeitsfläche etwa 1 cm dick ausrollen und in 10 gleich große Rechtecke schneiden.

**3** Die Rechtecke jeweils mittig mit 4 Scheiben Peperoni-Salami und einem Mozzarella-Käsestäbchen belegen. Beide Längsseiten zu einer Rolle einklappen und die Enden festdrücken.

**4** Das Öl mit dem Paprikapulver verrühren und damit die Rollen rundherum bestreichen. Im **Programm Manuell** (Orange/210 °C) goldbraun grillen und mit süßsaurer Sauce servieren.

**TIPP**

*Wenn es schnell gehen soll, fertigen Pizzateig aus dem Kühlregal verwenden.*

## HOUSTON TEXANS

**Team gegründet**
2002

**Home Base**
Houston, Texas

**Stadion (71.500 Plätze)**
NRG Stadium

**Teamfarben**
Blau, Rot, Weiß

**Super Bowl**
–

## INDIANAPOLIS COLTS

**Team gegründet**
1953 (bis 1983 Baltimore Colts)

**Home Base**
Indianapolis, Indiana

**Stadion (62.421 Plätze)**
Lucas Oil Stadium

**Teamfarben**
Blau, Weiß

**Super Bowl**
2/2 Siege

AFC South

# ROASTED TURKEY BREAST

## *on Caesar Salad*

**4 Portionen**
**20 Min. Vorbereitung**
**+ 35 Min. Grillzeit**

**Zutaten**

4 Putenschnitzel
3 Knoblauchzehen
2 TL Thymian, frisch
1 TL Salbeiblätter, frisch
1 TL Rosmarin, frisch
1 ½ TL Salz
1 TL schwarzer Pfeffer
½ TL Piment d'Espelette
6 EL Butter, zimmerwarm
1 Zitrone

**Für den Salat**

3 Salatherzen
100 g Bacon, in Scheiben
70 g Parmesan

**Für das Dressing**

3 Sardellenfilets, halbiert
2 Knoblauchzehen, halbiert
1 TL Senf, süß
1 Eigelb, Größe M
2 EL Weißweinessig
150 ml neutrales Öl
1 EL Zitronensaft
30 g Parmesan, gerieben
1 Msp. Pfeffer

**1** Für das Dressing alle Zutaten verrühren und kalt stellen.

**2** Die Salatherzen waschen und trocken tupfen. Den Strunk entfernen und die Salatherzen zuerst vierteln, dann in Streifen schneiden.

**3** Die Bacon-Scheiben im **Programm Manuell** (Orange/210 °C) knusprig grillen und anschließend auf Küchenpapier abtropfen lassen.

**4** Für die Kräuterbutter den Knoblauch, Thymian, Salbei und Rosmarin fein hacken und mit Salz, Pfeffer, Piment und der Butter mischen.

**5** In die Putenschnitzel längs eine Tasche schneiden. Darauf achten, das Fleisch dabei nicht durchzuschneiden. Die Innen- und Außenseiten der Putenschnitzel gut mit der Kräuterbutter einreiben.

**6** Die Zitrone in dünne Scheiben schneiden und diese in die Putenschnitzel geben. Das **Programm Geflügel** auswählen und die Putenschnitzel goldbraun grillen.

**7** Das Dressing über den Salat geben und verrühren. Den Salat auf die Teller verteilen, mit dem Bacon garnieren, etwas Parmesan darüber hobeln und dazu die gegrillten Putenschnitzel servieren.

**TIPP**

***Man kann das gegrillte Schnitzel zum Servieren auch in Streifen schneiden und diese auf dem Salat anrichten.***

# Fladenbrot MIT BISTEC DE PALOMILLA

**4 Portionen**
**15 Min. Vorbereitung**
**+ 1 Std. Marinierzeit**
**+ 15 Min. Grillzeit**

**Zutaten**

4 dünne Rindersteaks
4 kleine Fladenbrote
2 große Zwiebeln
2 Zitronen
2 Knoblauchzehen
1 Handvoll Koriander
3 EL Butter
2 EL Olivenöl
½ TL Salz
1 Msp. schwarzer Pfeffer
Fleur de Sel, nach Belieben

**1** Für die Marinade die Zitronen auspressen, Knoblauch und Koriander fein hacken und mit dem Olivenöl, Salz und Pfeffer mischen. Die Steaks von allen Seiten mit der Mischung einreiben und abgedeckt 1 Stunde ziehen lassen.

**2** Die Zwiebeln in dünne Ringe schneiden und in einer heißen Pfanne mit der Butter goldbraun anbraten und beiseitestellen.

**3** Die Grillplatten mit dem Bratensud der Zwiebeln einpinseln. Die Steaks aus der Marinade nehmen und diese aufbewahren. Die Steaks im **Programm Steak** bis zum gewünschten Gargrad grillen, anschließend mit etwas Fleur de Sel bestreuen und die Fladenbrote im **Programm Sandwich** goldbraun grillen.

**4** Die Fladenbrote aufschneiden, die Steaks hineingeben und mit der Marinade beträufeln. Mit den gebratenen Zwiebeln belegen und sofort servieren.

## JACKSONVILLE JAGUARS

**Team gegründet**
1995

**Home Base**
Jacksonville, Florida

**Stadion (66.851 Plätze)**
TIAA Bank Field

**Teamfarben**
Schwarz, Türkis, Gold, Weiß

**Super Bowl**
–

AFC South

# *Tennessee* PORK BARBECUE BURGER

**4 Portionen**
**10 Min. Vorbereitungszeit**
**+ 12 Std. Marinierzeit**
**+ 2 Std. 10 Min. Grillzeit**

**Zutaten**

800 g Schweinenacken oder Schweineschulter ohne Knochen

4 Burger Buns

200 ml Ananassaft

200 ml Gemüsebrühe

2 EL Gewürzmischung

1 TL Sojasauce

1 EL Saure Sahne

Barbecue-Sauce, nach Belieben

**Für den Rub**

2 EL Paprikapulver, edelsüß

2 EL geräuchertes Paprikapulver

1 EL Kreuzkümmel

1 EL brauner Zucker

1 TL Salz

1 TL Cayennepfeffer

1 TL Pfeffer

2 EL neutrales Öl

**außerdem**

Backschale für den OptiGrill

**1** Für den Rub alle Zutaten gründlich mit dem Öl verrühren.

**2** Das Fleisch in etwa 2 cm dicke Scheiben schneiden und mit dem Rub einreiben. In Frischhaltefolie einwickeln oder in einen Zip-Beutel geben und über Nacht im Kühlschrank marinieren.

**3** Am nächsten Tag die Backschale in den OptiGrill einsetzen und das marinierte Fleisch nebeneinander hineinlegen. Ananassaft, Gemüsebrühe und Sojasauce mischen und über das Fleisch in die Backschale geben. Das Fleisch im **Programm Manuell** (Gelb/ 170 °C) 2 Stunden grillen. Nach der Garzeit den Garpunkt prüfen und die Zeit gegebenenfalls verlängern. Falls keine Backschale vorhanden ist, das Fleisch im Backofen garen.

**4** Die Backschale aus dem OptiGrill und das Fleisch aus der Backschale nehmen, mit 2 Gabeln zerrupfen und zusammen mit dem Fleischsaft zurück in die Schale geben. Mit der Sauren Sahne vermengen.

**5** Die Buns im **Programm Sandwich** goldbraun rösten und mit dem Fleisch und etwas Barbecue-Sauce belegt sofort servieren.

## TENNESSEE TITANS

**Team gegründet**
1960 (bis 1996 Houston Oilers)

**Home Base**
Nashville, Tennessee

**Stadion (69.143 Plätze)**
Nissan Stadium

**Teamfarben**
Navy, Blau, Weiß, Rot, Silber

**Super Bowl**
–

AFC West

# Colorado LAMB CHOPS

**2 Portionen**
**10 Min. Vorbereitung**
**+ 30 Min. Marinierzeit**
**+ 20–25 Min. Grillzeit**

**Zutaten**

6 Lammkoteletts

2 Knoblauchzehen

1 Handvoll Rosmarin

3 EL Olivenöl

**Für die Minz-Joghurt-Sauce**

6 Minzblätter

200 g griechischer Joghurt

½ TL weißer Balsamicoessig

1 EL Olivenöl

Salz und Pfeffer, nach Belieben

**Für den Salat**

1 Mango

4 Taler Ziegenkäse oder Ziegenfrischkäse

1 Handvoll Rucola

Fleur de Sel, nach Belieben

**1** Knoblauchzehen und Rosmarin fein hacken und mit dem Olivenöl vermischen. Die Lammkoteletts damit von allen Seiten einreiben und mind. 30 Minuten ziehen lassen.

**2** In der Zwischenzeit die Minze fein hacken und mit dem Joghurt, Balsamicoessig und Olivenöl mischen. Mit Salz und Pfeffer abschmecken.

**3** Die Lammkoteletts im **Programm Manuell** (Orange/210 °C) bis zum gewünschten Gargrad grillen.

**4** Währenddessen die Mango halbieren, den Stein entfernen, dann schälen und in kleine Würfel schneiden. Den Rucola putzen und auf die Teller verteilen. Jeweils einen Ziegentaler darauf geben und mit den Mangowürfeln und der Minz-Sauce garnieren. Mit frisch gemahlenem Pfeffer und etwas Fleur de Sel würzen.

**5** Die gegrillten Lammkoteletts mit etwas Fleur de Sel und Pfeffer würzen und mit etwas zusätzlicher Minz-Joghurt-Sauce und dem Mangosalat servieren.

## DENVER BRONCOS

**Team gegründet**
1960

**Home Base**
Denver, Colorado

**Stadion (76.125 Plätze)**
Empower Field at Mile High

**Teamfarben**
Blau, Orange, Weiß

**Super Bowl**
3/5 Siege

AFC West

# FILETSTEAK KANSAS CITY STYLE

## *mit Grüne-Tomaten-Salsa*

★ ★ ★ ★ ★

**4 Portionen**
**10 Min. Vorbereitung**
**+ 10 Min. Grillzeit**

**Zutaten**

4 Kansas City Strip Steaks à 200 g, alternativ Rinderfiletsteaks bis 28 Tage gereift

Fleur de Sel und Pfeffer, nach Belieben

**Für die Salsa**

4 kleine grüne Tomaten
2 Zwiebeln
2 grüne Chilis, entkernt
4 rote Chilis, entkernt
1 rote Paprika, entkernt
½ Bund Koriander, frisch
1 EL Rohzucker
2 Knoblauchzehen
1 EL Oregano, getrocknet
Saft von 5 Limetten
1 EL Apfelessig
Salz, nach Belieben

**1** Die Tomaten vom Strunk befreien und ebenso wie die Zwiebeln, Chili und Paprika würfeln. Koriander, Zucker, Knoblauch, Oregano, Limettensaft und Essig dazugeben und mit einer Küchenmaschine pürieren. Die Salsa mit Salz abschmecken und bis zur Verwendung in den Kühlschrank stellen.

**2** Die Steaks im **Programm Steak** bis zum gewünschten Gargrad grillen. Nach Belieben mit Salz und Pfeffer würzen und mit der Green Tomato Salsa servieren.

**TIPP**

*Wedges schmecken super dazu.*

### KANSAS CITY CHIEFS

**Team gegründet**
1960 (bis 1962 Dallas Texans)

**Home Base**
Kansas City, Missouri

**Stadion (76.416 Plätze)**
Arrowhead Stadium

**Teamfarben**
Rot, Gold, Weiß

**Super Bowl**
2/2 Siege

## LAS VEGAS RAIDERS

**Team gegründet**
1960 (Oakland/LA/Oakland/Vegas)

**Home Base**
Paradise, Nevada

**Stadion (65.000 Plätze)**
Allegiant Stadium

**Teamfarben**
Schwarz, Silber

**Super Bowl**
3/2 Siege

# BEAN BURGER

## mit Chipotle-Sauce und gegrillter Avocado

**4 Portionen**
**15 Min. Vorbereitung**
**+ 2 Std. Kühlzeit**
**+ 20–25 Min. Grillzeit**

**Für die Bean Pattys**

1 Dose Kidney Bohnen, 400 g

50 g zarte Haferflocken

½ rote Paprika

1 Zwiebel

1 Knoblauchzehe

1 Handvoll Koriander, frisch

1 Ei, Größe M

Salz, Pfeffer und Kreuzkümmel, nach Belieben

**Für die Chipotle-Mayo**

5 EL Mayonnaise

1 Chipotle-Schote, aus dem Glas

1 Msp. Chilipulver

½ TL Paprikapulver, edelsüß

**außerdem**

4 Burger Buns

1 Avocado

4 Salatblätter

1 Tomate

**1** Die Bohnen abspülen und sehr gut abtropfen lassen. Anschließend mit einer Küchenmaschine oder einer Gabel pürieren.

**2** Paprika, Zwiebel, Knoblauch und Koriander sehr fein hacken, das Ei verquirlen und zusammen mit den Haferflocken in die Bohnenmasse geben. Gut verkneten und nach Belieben mit Salz, Pfeffer und Kreuzkümmel abschmecken.

**3** Aus der Bohnenmasse 4 Pattys formen und diese mit Backpapierlagen voneinander getrennt in eine Form legen und zwei Stunden im Gefrierfach kühlen.

**4** In der Zwischenzeit die Chipotle-Schote klein hacken, mit der Mayonnaise verrühren und mit Chili- und Paprikapulver würzen.

**5** Die Avocado halbieren, den Stein entfernen, dann schälen und in dicke Streifen schneiden. Die Tomate in Scheiben schneiden.

**6** Die Bohnen-Pattys im **Programm Manuell** (Orange/210 °C) mit Backpapier abgedeckt vorsichtig knusprig grillen. Ebenso mit den Avocado-Streifen verfahren.

**7** Und auch die Burger Buns im **Programm Manuell** (Orange/210 °C) grillen, anschließend die Innenseiten der Buns mit der Chipotle-Mayo bestreichen.

**8** Nun die Burger jeweils nacheinander mit einem Salatblatt, dem gegrillten Patty, den Avocado-Streifen und einer Tomatenscheibe belegen und den Bun-Deckel auflegen.

# Los Angeles QUESADILLAS

AFC West

**4 Portionen**
**15 Min. Vorbereitung**
**+ 10 Min. Grillzeit**

**Zutaten**

2 Hähnchenbrustfilets
4 Weizentortillas
60 ml Saure Sahne
1 Frühlingszwiebel
1 rote Chilischote, entkernt
1 Tomate
80 g Cheddar, gerieben
½ TL Salz
1 TL Paprikapulver
½ TL Oregano
Chiliflocken, nach Belieben
2 EL neutrales Öl
Salz und Pfeffer, nach Belieben

**1** Die Frühlingszwiebel von den Wurzelansätzen befreien und ebenso wie die Chili in feine Ringe schneiden. Die Tomate vom Strunk befreien und in kleine Würfel schneiden.

**2** Die Saure Sahne mit dem Cheddar, den Zwiebelringen, der Chili und der Tomate mischen und mit Salz und Pfeffer abschmecken.

**3** Paprikapulver mit Oregano, Chiliflocken, dem Salz und dem Öl mischen und die Hähnchenbrüste rundherum mit dem Rub einreiben.

**4** Das Hähnchen im **Programm Geflügel** goldbraun grillen und anschließend in schmale Streifen schneiden.

**5** Die Weizentortillas auf einer Seite bis zur Hälfte mit der Saure-Sahne-Mischung bestreichen und mit den Fleischstreifen belegen. Die Tortillas zuklappen und ein zweites Mal zu einem Dreieck falten. Die Quesadillas im **Programm Sandwich** goldbraun grillen. Eventuell den Grilldeckel festhalten, damit die Füllung nicht ausläuft.

**TIPP**

*Mit Putenbrust oder geräuchertem Lachs belegt schmecken die Quesadillas auch sehr gut.*

## LOS ANGELES CHARGERS

**Team gegründet**
1960 (bis 2016 San Diego Chargers)

**Home Base**
Inglewood, Kalifornien

**Stadion (70.270 Plätze)**
SoFi Stadium

**Teamfarben**
Blau, Gold, Weiß

**Super Bowl**
0/1 Siege

# NFC

## East

DALLAS COWBOYS

NEW YORK GIANTS

PHILADELPHIA EAGLES

WASHINGTON COMMANDERS

## North

CHICAGO BEARS

DETROIT LIONS

GREEN BAY PACKERS

MINNESOTA VIKINGS

## South

ATLANTA FALCONS

CAROLINA PANTHERS

NEW ORLEANS SAINTS

TAMPA BAY BUCCANEERS

## West

ARIZONA CARDINALS

LOS ANGELES RAMS

SAN FRANCISCO 49ERS

SEATTLE SEAHAWKS

# GRILLGEMÜSE
## mit Cowboy-Kaviar-Salsa

★ ★ ★ ★ ★

**4 Portionen**
**15 Min. Vorbereitung**
**+ 10 Min. Grillzeit**

**Zutaten**

2 rote Paprika, entkernt
2 Zucchini
8 braune Champignons, geputzt
2 Avocado, entkernt, geschält

**Für die Salsa**

6 Tomaten
1 Zwiebel
1 Dose Kidney-Bohnen, 400 g, abgetropft
1 Dose Mais, 340 g, abgetropft
3 Limetten
1 Bund frischer Koriander
3 EL Balsamico-Essig
2 EL Olivenöl
1 Prise Meersalz, plus nach Belieben

**1** Für die Cowboy-Kaviar-Salsa die Limetten auspressen und den Saft in einer großen Schüssel mit Balsamico, Olivenöl und einer Prise Meersalz verrühren.

**2** Die Tomaten und die Zwiebel würfeln und zusammen mit den Bohnen und dem Mais in die Schüssel geben und verrühren.

**3** Die Paprika in 2 cm breite Streifen schneiden. Die Zucchini vom Strunk befreien und in 1 cm dicke Scheiben schneiden, die Champignons vierteln.

**4** Die Gemüsestücke im **Programm Manuell** (Orange/210 °C) grillen, bis sie schöne Grillstreifen haben. Anschließend nach Belieben mit Meersalz würzen.

**5** Die Avocado in Würfel schneiden und den Koriander fein hacken. Beide Zutaten zu der Cowboy-Kaviar-Salsa geben und verrühren.

**6** Das gegrillte Gemüse mit der Cowboy-Kaviar-Salsa servieren.

**TIPP**

*Dazu etwas Fladenbrot servieren.*

### DALLAS COWBOYS

**Team gegründet**
1960

**Home Base**
Arlington, Texas

**Stadion (108.713 Plätze)**
AT&T Stadium

**Teamfarben**
Blau, Silber, Weiß

**Super Bowl**
5/3 Siege

# New York City
# MEGA-BURGER

**2 Portionen**
**15 Min. Vorbereitung**
**+ 20 Min. Grillzeit**

**Für die Pattys**

400 g Rinderhackfleisch
1 Knoblauchzehe
Salz und Pfeffer, nach Belieben

**außerdem**

2 schwarze Burger Buns
2 Scheiben Cheddar
2–4 Gewürzgurken
1 ½ Handvoll Rucola
2 Eier, Größe M
3 EL Essig
2 EL Mayonnaise
Fleur de Sel und Pfeffer, nach Belieben
2 EL Trüffel-Mayonnaise

**1** Für die Pattys den Knoblauch pressen und mit dem Hackfleisch vermischen. Das Hackfleisch nach Belieben mit Salz und Pfeffer würzen und in zwei Portionen teilen. Diese jeweils zu einem flachen Patty formen und im **Programm Burger** auf den gewünschten Gargrad grillen.

**2** Die Gewürzgurken in Scheiben schneiden und den Rucola waschen und trocken tupfen.

**3** 1 Liter Wasser mit dem Essig in einem Topf zum Kochen bringen und ein Ei in eine Tasse schlagen. Die Hitze des Essigwassers herunterdrehen, bis die Oberfläche glatt ist. Mit einer Gabel einen Strudel erzeugen und das Ei hineingleiten lassen. Etwa 3 Minuten kochen, dann mit einer Schaumkelle herausnehmen und das zweite Ei genauso zubereiten. Die pochierten Eier auf Küchenpapier abtropfen lassen.

**4** Die Burger Buns im **Programm Sandwich** toasten.

**5** Die untere Hälfte der Burger Buns jeweils mit Mayonnaise bestreichen und mit den Gewürzgurkenscheiben, einer Käsescheibe, dem Patty, dem Rucola und dem pochierten Ei belegen. Das Ei mit Fleur de Sel und Pfeffer bestreuen. Die obere Seite der Buns auf der Innenseite mit Trüffel-Mayonnaise bestreichen und den Burger abdecken.

## NEW YORK GIANTS

**Team gegründet**
1925

**Home Base**
East Rutherford, New Jersey

**Stadion (82.500 Plätze)**
MetLife Stadium

**Teamfarben**
Blau, Rot, Weiß, Grau

**Super Bowl**
4/1 Siege

## PHILADELPHIA EAGLES

**Team gegründet**
1933

**Home Base**
Philadelphia, Pennsylvania

**Stadion (69.176 Plätze)**
Lincoln Financial Field

**Teamfarben**
Grün, Weiß, Silber, Schwarz

**Super Bowl**
1/2 Siege

# *Philly* CHEESESTEAK-SANDWICH

**2 Portionen**
**15 Min. Vorbereitung**
**+ 20 Min. Grillzeit**

**Zutaten**

1 Rumpsteak oder Ribeye-Steak

3 Scheiben Cheddar oder Provolone

2 Ciabatta-Brötchen

2 EL Frischkäse

Fleur de Sel und Pfeffer, nach Belieben

**Für die Salsa**

1 Frühlingszwiebel

3 Zwiebeln

3 Jalapeños, aus dem Glas

20 g Weizenmehl

20 g Butter

150 g Milch

100 g Sahne

100 g Cheddar

1 EL neutrales Öl

Salz und Pfeffer, nach Belieben

**1** Für die Salsa die Frühlingszwiebel von den Wurzelansätzen befreien und zusammen mit den Zwiebeln und Jalapeños in dünne Ringe schneiden. Das Öl in einer Pfanne erhitzen und darin Frühlingszwiebel, Zwiebeln und Jalapeños glasig dünsten.

**2** Die Butter in einem Topf erhitzen. Unter Rühren das Mehl dazugeben und anschwitzen. Die Milch und die Sahne unter ständigem Rühren nach und nach zugeben und 5 Minuten köcheln lassen, bis die Béchamelsauce andickt. Den Käse grob zerbröseln oder reiben und unterrühren. So lange rühren, bis der gesamte Käse geschmolzen ist. Die Sauce ganz kurz aufkochen lassen, dann sofort vom Herd nehmen. Nach Belieben mit Salz und Pfeffer abschmecken und die Zwiebel-Jalapeño-Mischung unterrühren.

**3** Das Rumpsteak im **Programm Steak** auf den gewünschten Gargrad grillen. Anschließend nach Geschmack mit Fleur de Sel und Pfeffer würzen.

**4** Die Brötchen längs halbieren und im **Programm Sandwich** kurz goldbraun grillen.

**5** Die Brotscheiben auf der Innenseite mit Frischkäse bestreichen. Das Steak quer zur Faser in 2 cm dicke Streifen schneiden. Die Sandwiches damit belegen und die Salsa darauf anrichten.

NFC East

# TURKEY BAGEL

**4 Portionen**
**10 Min. Vorbereitung**
**+ 3 Std. Marinierzeit**
**+ 20 Min. Grillzeit**

**Zutaten**

2 Truthahnbrüste, alternativ 4 Perlhuhnbrüste

2 Knoblauchzehen

2 EL Worcestershiresauce

50 g Orangensaft

3 EL Olivenöl

3 EL süßer Senf

2 EL Honig

2 EL Paprikapulver, geräuchert

½ TL Salz

¼ TL Pfeffer

**außerdem**

4 Bagel

1 Tomate

100 g Eisbergsalat

4 Scheiben Gouda

1 Frühlingszwiebel

5 EL Joghurt, natur, 3,5 % Fett

2 EL weißer Balsamicoessig

2 EL Olivenöl

1 TL brauner Zucker

Salz und Pfeffer, nach Belieben

**1** Für die Marinade den Knoblauch pressen und mit Öl, Paprikapulver, Salz, Pfeffer, Worcestershiresauce, süßem Senf, Honig und Orangensaft mischen. Das Fleisch gleichmäßig damit einreiben, in einen Zip-Beutel geben und mit der restlichen Marinade übergießen. Mind. 3 Stunden, lieber aber über Nacht, im Kühlschrank marinieren lassen.

**2** Für das Dressing die Frühlingszwiebel in feine Ringe schneiden und mit Joghurt, Balsamicoessig, Olivenöl und braunem Zucker mischen. Das Dressing mit Salz und Pfeffer abschmecken.

**3** Den Salat in dünne Streifen schneiden und mit dem Dressing vermischen.

**4** Das Fleisch aus der Marinade nehmen und im **Programm Geflügel** goldbraun grillen. Zwischendurch mit etwas Marinade einpinseln.

**5** Die Tomate vom Strunk befreien und in Scheiben schneiden. Die Truthahnbrust ebenfalls in schmale Streifen schneiden.

**6** Die Bagel im **Programm Sandwich** goldbraun grillen und im Anschluss jeweils mit Salat, Fleisch, Tomate und Käse belegen.

## WASHINGTON COMMANDERS

**Team gegründet**
1932 (als Boston Braves)

**Home Base**
Landover, Maryland

**Stadion (79.000 Plätze)**
FedExField

**Teamfarben**
Burgunderrot, Gold, Weiß

**Super Bowl**
3/2 Siege

NFC North

Chicago

# GRILLED HOT DOG

**4 Portionen**
**5 Min. Vorbereitung**
**+ 10 Min. Grillzeit**

**Zutaten**

4 Hot-Dog-Brötchen
4 Rinderwürstchen
100 g Sauerkraut, aus der Dose
2 Tomaten
½ Bund Schnittlauch
4 Jalapeños
1 Zwiebel
3 EL Senf, nach Belieben

**1** Das Sauerkraut in einem Topf erhitzen.

**2** Tomaten in dünne Scheiben schneiden. Schnittlauch und Jalapeños in Röllchen, die Zwiebel in kleine Würfel.

**3** **Programm Wurst** auswählen und die Würstchen goldbraun grillen.

**4** Die Hot-Dog-Brötchen im **Programm Sandwich** antoasten. Anschließend der Länge nach bis zur Mitte aufschneiden und mit Tomatenscheiben und Jalapeño-Röllchen belegen.

**5** Die Würstchen in die Brötchen geben und nach Belieben mit Senf, Zwiebelwürfeln, Schnittlauch und Sauerkraut belegen.

## CHICAGO BEARS

**Team gegründet**
1919 (bis 1920 Decatur Staleys)

**Home Base**
Chicago Illinois

**Stadion (61.500 Plätze)**
Soldier Field II

**Teamfarben**
Dunkel Marine, Orange, Weiß

**Super Bowl**
1/1 Siege

NFC North

# *Grilled* PEANUTBUTTER-JELLY-SANDWICH

**2 Portionen**
**5 Min. Vorbereitung**
**+ 10 Min. Grillzeit**

**Zutaten**

4 Scheiben Toast

2 EL Erdnussbutter

2 TL Johannisbeergelee, alternativ Traubengelee

**1** Die Toastscheiben jeweils von einer Seite mit Erdnussbutter bestreichen. Darauf das Gelee streichen und die bestrichenen Seiten zusammenklappen.

**2** Das Sandwich im **Programm Sandwich** goldbraun grillen.

## TIPP

*Wer geschmolzenen Käse liebt, belegt die Sandwiches zusätzlich mit etwas geriebenem Käse.*

## DETROIT LIONS

**Team gegründet**
1929 (bis 1933 Portsmouth Spartans)

**Home Base**
Detroit, Michigan

**Stadion (65.000 Plätze)**
Ford Field

**Teamfarben**
Blau, Silber, Schwarz, Weiß

**Super Bowl**
0/0 Siege

## GREEN BAY PACKERS

**Team gegründet**
1919

**Home Base**
Green Bay, Wisconsin

**Stadion (81.441 Plätze)**
Lambeau Field

**Teamfarben**
Dunkelgrün, Gold, Weiß

**Super Bowl**
4/1 Siege

# BEER BRAISED BRATS

## *Bratwürste Wisconsin Style*

**4 Portionen**
**10 Min. Vorbereitung**
**+ 35 Min. Ruhezeit**
**+ 15 Min. Grillzeit**

**Zutaten**

8 frische Bratwürste
1 rote Paprika, entkernt
2 rote Zwiebeln
2 EL Olivenöl
1 Flasche Pils
1 TL Grillgewürzmischung, nach Belieben mehr
1 Fladenbrot, alternativ
4 Pita-Brötchen

**1** Die Haut der Bratwürste leicht anritzen. Die Paprika in Streifen und die Zwiebeln in Ringe schneiden.

**2** In einer tiefen Pfanne die Paprika und die Zwiebeln im heißen Öl goldbraun anbraten, dann mit dem Bier ablöschen. Die Würstchen und das Grillgewürz hinzugeben und 10 Minuten auf mittlerer Stufe köcheln lassen.

**3** Die Würstchen herausnehmen, trocken tupfen und im **Programm Wurst** grillen, bis sie schöne Grillstreifen haben. Das Gemüse währenddessen weiterköcheln lassen.

**4** Das Fladenbrot vierteln, die Viertel aufschneiden und im **Programm Sandwich** goldbraun grillen. Die gegrillten Viertel jeweils mit den Würstchen und dem Gemüse belegen und sofort servieren.

# *Gingered Honey* SALMON FINGERS

**2 Portionen**
**10 Min. Vorbereitung**
**+ 30 Min. Marinierzeit**
**+ 10–15 Min. Grillzeit**

**Zutaten**

2 Lachsfilets
1 Schalotte
1 Knoblauchzehe
1 cm Ingwer, frisch
100 ml Orangensaft
50 ml Sojasauce
3 EL Honig
¼ TL Rosmarin, getrocknet
Pfeffer, nach Belieben
etwas neutrales Öl zum Einpinseln

**1** Orangensaft, Sojasauce, Honig und Rosmarin verrühren.

**2** Schalotte, Ingwer und Knoblauch fein hacken und mit der Mischung verrühren. Die Lachsfilets quer in 2 cm dicke Streifen schneiden und in die Marinade legen. Die Schüssel abdecken und die Filetstücke mindestens 30 Minuten im Kühlschrank ruhen lassen.

**3** Die Filetstücke aus der Marinade nehmen. Die Marinade in einen Topf geben, kurz aufkochen und anschließend bei mittlerer Stufe köcheln lassen.

**4** Währenddessen die Grillplatten mit etwas Öl einpinseln und die Filetstücke im **Programm Fisch** grillen. Die gegrillten Filetstücke mit Pfeffer würzen und mit der Sauce servieren.

## MINNESOTA VIKINGS

**Team gegründet**
1961

**Home Base**
Minneapolis, Minnesota

**Stadion (70.000 Plätze)**
U.S. Bank Stadium

**Teamfarben**
Purpur, Gold, Weiß

**Super Bowl**
0/4 Siege

# GRILLED CORN

## on the Cob with Butter Sauce

**2–4 Portionen**
**5 Min. Vorbereitung**
**+ 15 Minuten Kochzeit**
**+ 10 Min. Grillzeit**

**Zutaten**

4 Maiskolben
1 Handvoll Petersilie
1 Handvoll Dill
6 Basilikumblätter
1 Knoblauchzehe
60 g Butter, zimmerwarm
2 Spritzer Worcestershiresauce
Salz und Pfeffer, nach Belieben

**außerdem**

8 Zahnstocher

**1** Die Maiskolben in reichlich Salzwasser 15 Minuten kochen.

**2** Petersilie, Dill, Basilikum und Knoblauch fein hacken oder mit einer Küchenmaschine zerkleinern.

**3** Die gehackten Kräuter und die Worcestershiresauce mit der Butter vermischen. Die Kräuterbutter nach Belieben mit Salz und Pfeffer würzen und damit die gekochten Maiskolben rundherum einreiben.

**4** Die Maiskolben im **Programm Manuell** (Orange/210 °C) grillen, bis sie schöne Grillstreifen haben. Nach dem Grillen an jedes Maiskolbenende zum Festhalten mittig einen Zahnstocher einstechen.

### ATLANTA FALCONS

| | |
|---|---|
| Team gegründet | 1966 |
| Home Base | Atlanta, Georgia |
| Stadion (75.000 Plätze) | Mercedes-Benz Stadium |
| Teamfarben | Rot, Schwarz, Weiß |
| Super Bowl | 0/2 Siege |

**TIPP**

*Die Maiskolben schmecken noch leckerer, wenn man sie nach dem Grillen in geriebenem Parmesan wälzt.*

NFC South

# Grilled Hasselback SWEET POTATOES

★ ★ ★ ★ ★

**4 Portionen**
**10 Min. Vorbereitung**
**+ 20–30 Min. Kochzeit**
**+ 10 Min. Grillzeit**

**Zutaten**

4 Süßkartoffeln

6 EL zerlassene Butter oder Olivenöl

1 TL Paprikapulver

½ TL Rosmarin, getrocknet

½ TL Thymian, getrocknet

Salz und Pfeffer, nach Belieben

**Für die Sour Cream**

200 g Saure Sahne

½ Bund Schnittlauch

1 Knoblauchzehe

**1** Die Kartoffeln gründlich waschen und in reichlich Salzwasser je nach Größe ca. 20–30 Minuten kochen. Sie sollten noch bissfest, aber vorgegart sein. Anschließend die Kartoffeln so in drei Millimeter dünne Scheiben schneiden, dass sie unten noch zusammenhängen. Die Scheiben etwas auseinanderziehen und mit Paprikapulver, Rosmarin, Thymian, Salz und Pfeffer würzen.

**2** Die Butter schmelzen und die Kartoffelscheiben damit bestreichen.

**3** Die Kartoffeln im **Programm Manuell** (Rot/270 °C) grillen.

**4** In der Zwischenzeit den Schnittlauch in feine Röllchen schneiden, den Knoblauch pressen und mit der Sauren Sahne mischen. Die Sour Cream mit Salz und Pfeffer würzen und zu den Kartoffeln servieren.

## CAROLINA PANTHERS

**Team gegründet**
1993

**Home Base**
Charlotte, North Carolina

**Stadion (75.523 Plätze)**
Bank of America Stadium

**Teamfarben**
Schwarz, Blau, Silber, Weiß

**Super Bowl**
0/2 Siege

NFC South

# GRILLED SHRIMPS

## New Orleans Style

**4 Portionen**
**10 Min. Vorbereitung**
**+ 30 Min. Marinierzeit**
**+ 8 Min. Grillzeit**

**Zutaten**

400 g Riesengarnelen, mit Schale, ohne Kopf

2 Knoblauchzehen

50 ml Zitronensaft

2 EL Worcestershiresauce

5 EL Olivenöl

¼ TL Kurkuma

1 TL Oregano, getrocknet

1 TL Paprikapulver, edelsüß

¼ TL Chilipulver

1 TL Salz

**1** Den Knoblauch fein hacken und mit Olivenöl, Oregano, Salz, Paprika- und Chilipulver, Kurkuma, Zitronensaft und Worcestershiresauce verrühren.

**2** Die Garnelen gegebenenfalls vom Darm befreien und in die Marinade geben. Abgedeckt 30 Minuten im Kühlschrank ruhen lassen.

**3** **Programm Meeresfrüchte** oder **Programm Fisch** auswählen, die Garnelen aus der Marinade nehmen und diese auf dem Grill goldbraun grillen.

### NEW ORLEANS SAINTS

**Team gegründet**
1966

**Home Base**
New Orleans, Louisiana

**Stadion (73.208 Plätze)**
Caesars Superdome

**Teamfarben**
Schwarz, Gold, Weiß

**Super Bowl**
1/0 Siege

### TIPP

*Dazu gegrilltes Brot servieren.*

NFC South

# BANANAS FOSTER

★ ★ ★ ★ ★

**2 Portionen**
**5 Min. Vorbereitung**
**+ 5 Min. Grillzeit**

**Zutaten**

2 Bananen

30 ml brauner Rum (Stroh Rum 80 %)

1 EL Butter oder neutrales Öl

2 EL brauner Zucker

1 TL Zimt

2 Kugeln Vanilleeis

**außerdem**

Bunsenbrenner

Backschale für den OptiGrill

**1** Zucker und Zimt mischen. Die Bananen schälen, in der Mitte halbieren und längs durchschneiden.

**2** Einen Streifen Backpapier auf den OptiGrill legen und mit etwas Butter oder Öl bestreichen.

**3** Die Bananenstücke in die Backschale geben, mit der Zucker-Zimt-Mischung bestreuen und im **Programm Manuell** (Orange/210 °C) grillen, bis die Bananen weich sind und der Zucker karamellisiert. Den Rum zugeben und erhitzen. Falls keine Backschale vorhanden ist, die Bananenstücke auf etwas Backpapier geben und mit einer zweiten Schicht Backpapier abgedeckt im **Programm Manuell** (Orange/210 °C) grillen.

**4** Die gegrillten Bananenstücke auf Teller geben, mit dem heißen Rum übergießen, je eine Kugel Vanilleeis dazugeben, und dann mit einem Bunsenbrenner den Rum flambieren.

## TAMPA BAY BUCCANEERS

**Team gegründet**
1974

**Home Base**
Tampa, Florida

**Stadion (75.000 Plätze)**
Raymond James Stadium

**Teamfarben**
Rot, Schwarz, Orange, Weiß

**Super Bowl**
2/0 Siege

**TIPP**

*Alternativ Weißkohl für den Salat verwenden.*

*Arizona*

# CHICKEN-BREAST-SUBS

NFC West

**4 Portionen**
**15 Min. Vorbereitung**
**+ 1 Std. Marinierzeit**
**+ 25 Min. Grillzeit**

**Zutaten**

4 Hähnchenbrustfilets

6 kleine Strauchtomaten

4 rote Zwiebeln

½ Rotkohl

4 Sub-Brote, nach Belieben, alternativ Baguette-Brötchen oder 2 halbierte Baguettes

**Für den Arizona-Rub**

1 TL Chilipulver, nach Belieben mehr

1 ½–2 TL Meersalz

2 TL Paprikapulver

2 TL Knoblauchpulver

1 TL Kreuzkümmel

1 TL Korianderpulver

½ TL schwarzer Pfeffer

4 EL Olivenöl

**Für die Salsa**

20 Zweige Koriander

100 ml Olivenöl

2 Knoblauchzehen

½ Jalapeño, entkernt, nach Belieben auch mehr

1 Handvoll Walnüsse

50 g Feta

Saft von ½ Zitrone

20 ml eiskaltes Wasser

**1** Für den Rub Chilipulver, Salz, Paprikapulver, Knoblauchpulver, Kreuzkümmel, Korianderpulver und schwarzen Pfeffer mischen, dann das Öl einrühren. Die Hähnchenbrustfilets rundherum mit dem Rub einreiben und mind. 1 Stunde im Kühlschrank ruhen lassen.

**2** Die Tomaten und Zwiebeln in dünnen Scheiben schneiden. Den Kohl halbieren, in dünne Streifen schneiden und mit den Tomaten und den Zwiebeln mischen.

**3** Für die Salsa die Korianderblätter abzupfen und gemeinsam mit den anderen Zutaten pürieren. 2 EL davon mit der Gemüsemischung verrühren.

**4** Das **Programm Geflügel** auswählen und die Hähnchenbrustfilets goldbraun grillen. Die Sub-Brote längs aufschneiden und im **Programm Manuell** (Orange/210 °C) toasten. Etwas Salsa auf die Schnittflächen geben und verstreichen.

**5** Die gegrillten Filets in Streifen schneiden und diese in die Brötchen verteilen. Auch den Salat in die Brötchen verteilen und die Subs sofort heiß servieren.

## ARIZONA CARDINALS

**Team gegründet**
1898 (als Morgan Athletic Club)

**Home Base**
Glendale, Arizona

**Stadion (72.200 Plätze)**
State Farm Stadium

**Teamfarben**
Kardinalrot, Weiß, Schwarz

**Super Bowl**
0/1 Siege

# KABOB
## mit Avocado-Salsa

**4 Portionen**
**15 Min. Vorbereitung**
**+ 20 Min. Grillzeit**

**Zutaten**

1 Zucchini

1 Aubergine

4 Pilze, nach Belieben

1 Maiskolben, alternativ rote Paprika

**Für die Avocado-Salsa**

2 Avocado

2 Limetten

2 Lauchzwiebeln

1 rote Chili

1 Bund Basilikum

2 EL Orangenmarmelade

2 EL Olivenöl

Salz und Pfeffer, nach Belieben

**außerdem**

Spieße für den OptiGrill oder Holzspieße

**1** Für die Salsa die Avocados halbieren, vom Stein befreien und in kleine Würfel schneiden. Die Limetten auspressen und den Saft mit den Avocado-Würfeln verrühren.

**2** Die Lauchzwiebeln längs halbieren und in feine Ringe schneiden. Den Basilikum waschen, trocken tupfen und in feine Streifen schneiden. Beide Zutaten zu den Avocado-Würfeln geben.

**3** Die Chili halbieren, entkernen und würfeln. Die Orangenmarmelade zum Glattrühren leicht erwärmen, dann die Chiliwürfel unterrühren. Die Orangen-Chili-Mischung mit der Avocado-Mischung verrühren. Die Salsa mit Salz und Pfeffer abschmecken und kalt stellen.

**4** Für die Spieße die Zucchini und Aubergine in grobe Würfel schneiden. Die Pilze je nach Größe halbieren. Die Maiskolben in 2 cm dicke Scheiben schneiden. Die Gemüsestücke nacheinander auf die Grillspieße stecken und im **Programm Manuell** (Orange/210 °C) grillen.

**5** Die Spieße mit der Avocado-Salsa servieren.

### LOS ANGELES RAMS

**Team gegründet**
1936 (Cleveland/L.A./St. Louis/L.A.)

**Home Base**
Inglewood, Kalifornien

**Stadion (70.270 Plätze)**
SoFi Stadium

**Teamfarben**
Blau, Gold, Weiß

**Super Bowl**
2/3 Siege

NFC West

# SHRIMP PO BOYS
## Sandwich

**4 Portionen**
**10 Min. Vorbereitung**
**+ 10 Min. Grillzeit**

**Zutaten**

2 Baguettes
40 Riesengarnelen
150 g Eisbergsalat
2 kleine Tomaten
3 EL Mehl, Type 405
4 EL Remoulade
½ TL Selleriesalz
1 TL Oregano, getrocknet
½ TL Knoblauchpulver
½ TL Zwiebelpulver
1 Msp. Chiliflocken
Salz und Pfeffer, nach Belieben

**1** Die Garnelen ggf. gut abtropfen lassen.

**2** Mehl, Salz, Pfeffer, Chiliflocken, Selleriesalz, Oregano, Knoblauch- und Zwiebelpulver mischen. Die Garnelen darin rundherum wälzen und das überschüssige Mehl gut abschütteln.

**3** Die Garnelen im **Programm Meeresfrüchte** goldbraun grillen.

**4** Währenddessen Tomaten und Salat in dünne Scheiben schneiden. Die Baguettes jeweils halbieren und längs aufschneiden und im **Programm Sandwich** kurz angrillen.

**5** Die Innenseiten der Baguettes mit Remoulade bestreichen und mit Salat, Tomate und den gegrillten Garnelen belegen.

### SAN FANCISCO 49ERS

**Team gegründet**
1946

**Home Base**
Santa Clara, Kalifornien

**Stadion (68.500 Plätze)**
Levi's Stadium

**Teamfarben**
Rot, Gold, Schwarz, Weiß

**Super Bowl**
5/2 Siege

2 Portionen
15 Min. Vorbereitung
+ 15 Min. Grillzeit

**Zutaten**

2 Kabeljaufilets à 100–150 g
50 g Weizenmehl, Type 405
80 g Panko, alternativ Paniermehl
2 Eier, Größe M
½ TL Thymian, getrocknet
½ TL Zwiebelpulver
¼ TL Knoblauchpulver
½ TL Paprikapulver, edelsüß
½ TL Salz
1 TL schwarzer Pfeffer

**Für den Salat**

100 g Weißkohl
1 Karotte
1 kleine Zwiebel
40 g Sahne
1 EL Zitronensaft
1 TL Weißwein- oder Apfelessig
80 g Mayonnaise
½ TL Chiliflocken
1 TL Zucker
Salz und Pfeffer, nach Belieben

**Für die Sauce**

100 ml Mayonnaise
2 EL Zitronensaft
½ TL Dill, getrocknet
2 EL frischer Schnittlauch, in Röllchen
Salz nach Belieben

**außerdem**

2 kleine Fladenbrote
2 Scheiben Cheddar

NFC West

# CRISPY FISH

## im Fladenbrot

**1** Für den Salat Kohl und Karotte putzen und zusammen mit der Zwiebel reiben. Mit Mayonnaise, Sahne, Zitronensaft, Salz, Pfeffer, Chiliflocken, Zucker und Essig mischen.

**2** Für die Sauce die Mayonnaise mit Dill, Schnittlauch, Salz und Zitronensaft mischen.

**3** Für den Fisch die Eier verquirlen und mit Salz, Pfeffer, Zwiebel-, Knoblauch- und Paprikapulver, sowie Thymian würzen.

**4** Die Filets abtrocknen und panieren. Dafür diese nacheinander zuerst in Mehl, dann in Ei und zuletzt in Panko wälzen. **Programm Fisch** auswählen und die panierten Fischfilets mit etwas Öl einpinseln, dann knusprig grillen.

**5** Die Fladenbrote aufschneiden und im **Programm Manuell** (Orange/210 °C) kurz angrillen. Die Schnittflächen mit der Sauce bestreichen und mit den Fischfilets, dem Käse und dem Salat belegen.

### SEATTLE SEAHAWKS

**Team gegründet**
1974

**Home Base**
Seattle, Washington

**Stadion (67.000 Plätze)**
Lumen Field

**Teamfarben**
Marine, Hellgrün, Weiß, Grau

**Super Bowl**
1/2 Siege

# TIPPS

## FÜR DEN OPTIMALEN GRILLSPAẞ

Die Bedienung des OptiGrills ist sehr einfach, das meiste erklärt sich von selbst und durch die Ton- und Farbsignale kann eigentlich nichts schiefgehen. Wer sich mit der Bedienung vertraut gemacht hat, kann mit den folgenden Tipps den Grillspaß noch ein bisschen optimieren.

- ★ Alle Produkte, die auf den OptiGrill kommen, sollten die gleiche Höhe haben, um ein gleichmäßiges Grillen, bzw. Garen zu gewährleisten. Das Grillgut entweder schon so auswählen oder entsprechend zuschneiden, besonders auch bei Spießen daran denken.

- ★ Den OptiGrill am besten von den kleinen schwarzen Erhebungen auf der unteren Grillplatte aus nach oben belegen, denn sie verhindern, dass das Grillgut nach vorn rutschen kann.

- ★ Bei der Zubereitung von Sandwiches legt man die obere Brotscheibe am besten etwas nach hinten versetzt auf, denn durch das Gewicht des Deckels und die leichte Neigung verrutscht das obere Brot leicht etwas nach vorn.

## REINIGUNG

Die Reinigung der antihaftbeschichteten Grillplatten des OptiGrills ist ein Kinderspiel: Die Platten einfach herausnehmen und mit einem Spültuch oder einer Silikonbürste reinigen.
Für die grobe Reinigung zwischendurch lassen sich die Platten nach dem Abkühlen auch mit einem Stück Küchenrolle oder einem anderen Küchentuch problemlos auch zwischen den Rillen säubern.
Und natürlich kann man die Grillplatten auch in die Spülmaschine geben, genauso wie das übrige Zubehör wie Fettauffangschale, Backschale und Waffeleinsatz.

## FÜR JEDES GERICHT DAS PERFEKTE PROGRAMM

Welches Grillgut Sie den antihaftbeschichteten Platten des OptiGrills auch anvertrauen, es gibt für jedes das passende Programm. Alle Rezepte in diesem Buch sind auf sämtlichen Modellen anwendbar, egal ob Sie mit 6, 9, 12 oder 16 Programmen grillen.

## ZUBEHÖR

★ Die Backschale verwandelt den OptiGrill in einen kleinen Backofen. Sie ist ebenfalls antihaftbeschichtet und spülmaschinenfest. Sollte keine Backschale vorhanden sein, lassen sich die Rezepte aber auch im Backofen bzw. in der Pfanne zubereiten, bevor es dann auf dem OptiGrill weitergeht.

★ Mit den Waffelplatten lassen sich sogar Waffeln kinderleicht auf dem OptiGrill zubereiten. Einfach die Grillplatten herausnehmen und durch die Waffelplatten ersetzen, schon lassen sich jeweils zwei „Belgische Waffeln“ gleichzeitig zubereiten.

# Weitere Empfehlungen für Sie

128 Seiten, 188 x 230 mm, Softcover
ISBN 978-3-95843-970-2
**€ 14,99**

128 Seiten, 188 x 230 mm, Softcover
ISBN 978-3-96664-191-3
**€ 14,99**

80 Seiten, 145 x 190 mm, Softcover
ISBN 978-3-96664-337-5
**€ 9,99**

80 Seiten, 145 x 190 mm, Softcover
ISBN 978-3-96664-335-1
**€ 9,99**

80 Seiten, 145 x 190 mm, Softcover
ISBN 978-3-96664-507-2
**€ 9,99**

**Unser komplettes Programm erhalten Sie in jeder Buchhandlung und unter www.heel-verlag.de**